L'AMI DU ROI,

OU

NOUVELLE REVUE IMPARTIALE

DE LA

RÉVOLUTION FRANÇAISE,

Jusques et compris le dernier retour de LOUIS-ʟᴇ-DÉSIRÉ,

SUIVI

D'ᴜɴ *plan à adopter pour détruire l'esprit de* jacobinisme *qui, pervertissant l'opinion du peuple, serait une éternelle entrave à la restauration de la royauté légitime et de la sécurité publique.*

Par M. ᴅᴇ Cʜᴀᴍʙʀᴇᴜɪʟ, ancien page, et membre de l'instruction publique, à Embrun.

A Pᴀʀɪs ᴇᴛ ᴀ Lʏᴏɴ,

Chez tous les Marchands de Nouveautés.

....

1815.

L'AMI DU ROI,

OU

NOUVELLE REVUE IMPARTIALE

DE LA

RÉVOLUTION FRANÇAISE,

SUIVI

D'un plan à adopter pour détruire l'esprit de jacobinisme qui, pervertissant l'opinion du peuple, serait une éternelle entrave à la restauration de la royauté légitime et de la sécurité publique.

———————

L'ABUS d'autorité de la part des parlemens, leur résistance aux ordres du Roi, leur lutte contre divers édits relatifs au salut public, la rage concentrée d'un juste exil, l'envie dominante au cœur du parricide *Egalité*, ses intrigues, son or corrupteur, la pusillanimité des *ministres*, la cupidité de *Neker* et le philosophisme de *Turgot*, l'audace agitatrice de quelques prélats avides et orgueilleux, et plus encore l'excessive bonté du meilleur des monarques.... Voilà les principales causes de la révolution.

La calomnie, la médisance, la trahison, la

bassesse, l'accaparement des grains , celui de l'or , la dissipation des caisses , l'accroissement de la dette nationale , l'énergie des autorités paralysée, les rênes du gouvernement flottantes au gré du caprice des plus entreprenans à s'élever aux ministères, l'émigration des plus fermes appuis du trône le laissant à la merci des intrigans , la terreur panique écartant des emplois les citoyens les plus probes , les plus capables et les plus patriotes ; l'intérêt des révolutionnaires, en livrant les places à des agens imbus de leurs principes homicides ; le désordre jeté dans l'administration , le mépris et la destruction des lois fondamentales du royaume, la destruction des principes religieux ; enfin la subversion de toute morale : ... voilà les moyens employés par le jacobinisme pour envahir la succession de Saint Louis , républicaniser la France , épouvanter et désorganiser l'Europe.

Le volcan révolutionnaire fait son éruption en 89, le parlement de Paris avait donné le signal , celui de Dauphiné le répéta ; et *Roman* et *Vizile* , devenant les éternels foyers des conspirations , *vomirent à l'assemblée nationale* ces mêmes instigateurs qui, réunis ensemble à Versailles , auraient pu chèrement payer leur criminelle audace , si Louis le pacifique avait alors usé d'une juste sévérité , et suivi les conseils de Monsieur.

Mais ce bon Roi espère , il croit à la vertu des hommes , il désire le bonheur de son peuple , et sa royale bonté, loin de toucher des cœurs de bronze, ne fait qu'accroître l'orgueil et la frénésie des conspirateurs.

Alors les parlementaires, arborant l'étendard de la rebellion, flattant et caressant ce peuple qu'ils brûlent de dominer, s'écrient.... « Français !.... on vous cache vos droits, lisez *les droits de l'homme*... On vous charge d'impôts, *voilà la liberté ;* on vous exclut des emplois, ils sont tous réservés aux castes privilégiées, *voilà l'égalité.*

» Nous sommes vos protecteurs nés.... Organes des lois, nous devons vous les faire connaître.... Rangez-vous de notre côté ; votre Roi n'est qu'un tyran, la noblesse vous méprise, le clergé vous trompe et vous censure ; chacun se rit de vos douleurs, s'enrichit de vos dépouilles ; les impôts ne pèsent que sur vous. Eh bien, nous allons vous rendre vos droits, le peuple sera souverain, et des trois ordres de l'état, deux étant abolis, le peuple règne seul. Vive la Nation !

» Mais pour arriver à ce degré de gloire, ô bon peuple ! il faut du sang, et ce n'est qu'en marchant sur les cadavres de ces nobles orgueilleux, de ces prêtres cupides que vous parviendrez à saper les fondemens du trône, dont les débris vous serviront de base pour élever l'autel de la liberté et le trône populaire.... Frappez donc, nous sommes à votre tête....; frappez, l'abondance renaîtra ; frappez sans pitié, et l'or des riches insolens sera votre héritage . . . ; et plus vous verserez de sang ¡ plus vous serez grands, plus vous serez dignes du titre de républicains.

» Voyez Rome entourée des dépouilles de ses souverains, des cadavres de ses aristocrates patriciens, marcher d'un pas sûr vers le temple de la liberté. . . . Voyez *Albion* foulant aux pieds le sceptre de *Charles-Stuard*, obtenir dans l'histoire des révolutions une place éclatante ; Albion vous donne un grand exemple. . . . Voyez les illustres exploits des *Brutus*, des *Décemvirs*, du *Triumvirat*, de *Cromwel*, etc. . . . . . Suivez ces grands modèles ! Ce sont vos magistrats, vos véritables amis qui vous guident, qui vous éclairent, écoutez leur voix, suivez leurs principes.

» La famine vous presse, parce que votre tyran livre vos récoltes aux ennemis de la France. . . . . Les impositions vous oppriment, parce que le luxe insolent de la cour absorbe les trésors de l'état, et que votre reine sacrifie le reste à l'empereur d'Autriche son frère, pour l'exciter à porter dans vos foyers le fléau de la guerre, et toutes les calamités qu'elle entraîne à sa suite. Frappez donc, renversez les tyrans, et vive la Liberté ! »

Ces cris de mort, ces vociférations du délire des passions, ces élans de la soif de l'or, de l'ambition de dominer, qui, d'un côté, poussaient les parlementaires, et de l'autre l'infame clique de Mirabeau à renverser la royauté pour s'arroger l'autorité populaire, ne furent que trop entendus et goûtés par une populace avide de nouveautés, dépourvue de sens, et dont les mœurs, déjà corrompues, n'avaient plus pour frein la religion, la pierre fondamentale des empires, et le plus ferme appui des trônes chrétiens.

Aussitôt les Barnave, les Pelletier, les Bailly, les Pétion, les Hérault de Séchelles, les Syeyes, les Barrère, les Barras, etc., lèvent une tête impie, osent se déclarer contre leurs souverains, avilir les antiques chartes, présenter au peuple effréné des armes parricides, et ranger sous l'horrible et mystérieuse bannière tricolore les cohortes sanguinaires qui ne devaient que trop servir leurs projets régicides et usurpateurs.

L'éloquence verbeuse du barreau, le jargon illuminé de l'enthousiasme, les déclamations de l'astuce et les maximes incendiaires d'une fausse philosophie, électrisent l'esprit des nouveaux citoyens, et les entraînent insensiblement de forfaits en forfaits.

Bientôt l'autorité abandonnée à des mains mercenaires, n'est plus que le droit affreux de nuire et d'opprimer. Les factions naissent, se heurtent, se froissent, se déchirent et s'anéantissent pour renaître encore plus impétueuses. *Robespierre, Couthon, Saint-Just, Danton, Marat, Carrier, Le Bon, Reverchon, Albite, Fréron, Cambacerès, Cambon, Thibeaudeau, Roger-Ducos, Merlin,*

Garat , *Carnot* , *Génissieux* , *Boulay* , *Rœderer* , surnommé l'Ulysse de la révolution ; *Regnaud* , *Real* , *etc. etc.* deviennent les sicaires du républicanisme anarchique ; et ces monstres, après avoir brisé le sceptre des Rois , s'emparent insolemment du gouvernement de la France , sur laquelle ils étendent une verge de fer , surmontée du hideux bonnet de la licence et du carnage.

Le signal est donné, la mort parcourt impitoyablement l'antique sol de *Clovis* et de *Charlemagne.* Les échafauds sont en permanence dans des cités que jadis les bienfaits du commerce , les attraits du plaisir et les progrès des sciences et des arts enrichissaient et embellissaient. La probité, l'honneur, la noblesse, la vertu, la pudeur , la piété deviennent des titres de proscription..... Le prêtre fidèle à ses devoirs , à ses sermens , noble ami de la paix et de l'humanité ; le magistrat intègre, le citoyen paisible tout entier à ses obligations sociales, et le père et l'époux, et la mère et la fille sont arbitrairement entassés, au nom de la liberté et de l'égalité, dans d'humides cachots, et *fraternellement* livrés à la hache homicide de la démocratie. Le rang, le sexe, l'âge ne sont point épargnés ; car les démagogues, lâches et cruels, ne trouvent point de gloire à vaincre les difficultés ; ils ont établi que la population de la France étant trop grande, leur gouvernement serait trop pénible... et comme ils veulent jouir du fruit de leurs forfaits, peu leur importe de s'asseoir sur des ruines et des cadavres entassés. Ils règnent, c'est assez.

Le principe est posé et sanctionné, les motifs sont sacrés, les supplices sont à l'ordre du jour ; et le génie du mal qui plane sur la France, se plaît à les accumuler et à les rendre de plus en plus inouis et terribles. La terreur effrénée marche à grands pas. Son char traîné par la plus brute ignorance, nous écrase tous sans pitié ; les talens lui font ombrage, et les vertus irritent son courroux. Ses ministres se couvrent de mots pompeux, de promesses séduisantes et artificieuses ; mais toujours altérés de sang et d'or, toujours bourreaux, ils dévorent leurs propres enfans.

O Français, aveugles Français ! qui vous laissez toujours séduire par des mots et de captieuses apparences ; quand réfléchirez-vous donc ? Peuple enfant ! quand seras-tu donc majeur ? quand pourras-tu donc penser ? quand apprendras-tu à te connaître et à t'estimer ? Où est cette *liberté* qui te fut promise par les soi-disant pères du peuple, par ces prêtres apostats dont tu fis tes représentans ? Où est cette *égalité* dont ils t'offraient l'odieuse et brillante chimère, pour mieux s'approprier le droit de river tes fers ?

O mes concitoyens, croyez-vous que nous n'aurions pas appelé cette liberté, si elle n'eût été compagne de la licence ? Oui, nous la désirons cette liberté, et nous ne pouvons l'obtenir que par le gouvernement paternel et éclairé de Louis ; que par notre attachement à sa personne sacrée ; que par notre respect pour la constitution , par l'oubli de toute opinion , et par le retour aux bonnes mœurs et à la religion de nos pères. Alors nous étions libres , car les hommes vertueux n'ont jamais senti le joug de l'esclavage sous l'égide d'un bon roi. Mais, ô Français, à qui prodigâtes-vous votre confiance ? A qui offrîtes-vous votre encens ? Aux autels , aux prêtres d'Odin et de Moloch.

Où est cette *fraternité* sous l'appas de laquelle ils séduisaient vos cœurs ? Etaient-ce des frères, ceux qui vous chargeaient d'impôts pour soutenir une guerre de vingt-cinq années ? qui vous enlevaient par des réquisitions , vos enfans , vos bestiaux, vos denrées ? Etaient-ils vos frères, ceux qui ayant créé une monnaie factice et mal hypothéquée , ont accaparé votre or et vos propriétés ? Etaient-ils des frères enfin , des soutiens de la patrie ceux qui créaient des lois à volonté, les détruisaient de même ; qui ne connaissaient d'autres droits que la force , d'autre *Thémis* que leur guillotine, et qui n'ont eu d'autre but que de s'abreuver de votre sang et de s'enrichir de vos dépouilles ?

O Français ! reportons nos regards sur l'origine de ces tyrans régicides et spoliateurs qui, encore aujourd'hui , osent vouloir traiter avec les puissances de l'Europe justement coalisées pour venger notre patrie et nous rendre notre légitime souverain : ils nous appellent à défendre leur propre cause qu'ils disent la vôtre, abusant toujours de votre confiante crédulité. Qu'étaient la plupart de ces sénateurs, de ces maréchaux, de ces chefs des armées, des administrations civiles et militaires avant la révolution ? Des membres subalternes des parlemens, de petits chicaneurs ignares, des bourgeois sans fortune et sans mœurs, des employés de régies la plupart tarés, des souteneurs de jeux et de lieux infames, des banqueroutiers, des suppôts de finances, des ex-moines, des Catilina de toutes classes.

Oui, voilà ceux qui se sont créés nos représentans, ceux qui devaient militer pour nos droits, ceux qui, en vouant haine éternelle au trône, ont rampé sous les faisceaux consulaires, et relevé ce trône avec plus de pompe et d'orgueil, pour y placer, qui ? un Corse ; un soldat dont ils ne cimentèrent la puissance que pour s'en arroger une plus élevée et plus absolue.

L'Espagne, l'Italie, l'Autriche, la Prusse, la Hollande, l'Amérique, la Russie ont vu le trépas de nos frères, de nos enfans. La France même, la France fut arrosée de leur sang ; et pourquoi coula-t-il ce sang ? pour cimenter l'usurpation d'un barbare, pour conserver à nos tyrans, à nos spoliateurs des biens envahis, des monceaux d'or dérobés à nos sueurs..... Mais, pourquoi coula-t-il encore ce sang qui n'appartenait qu'à la patrie ? pour éloigner de l'héritage de leurs ancêtres ces Bourbons infortunés qui ne venaient certes point, après vingt-quatre années d'exil, pour vous donner des fers ! Leur règne de dix mois vous a donné un bonheur, une paix, une prospérité qui vous étaient inconnus depuis vingt-cinq ans.

Grâces aux héros du nord, elles y étaient replacées, ces illustres victimes, sur ce trône que la piété et la tendre humanité allaient faire refleurir à l'ombre d'une paix éternelle, vœu unanime et cher des nations européennes... Déjà le commerce, entr'ouvant nos canaux, ramenait l'abondance en nos climats dévastés ; déjà l'industrie ouvrait des voies honorables à cette foule immense de citoyens rendus à leurs foyers par la suppression des armées, et dont le nombre excédait de beaucoup encore les besoins de l'agriculture. Déjà la confiance renaissait dans les cœurs, et la joie, par la certitude de la diminution des impôts, brillait sur le front de nos compatriotes, lorsque tout-à-coup le génie du carnage, rappelé par les cris séditieux des prolétaires et les manœuvres traîtresses des chefs des armées, ose reparaître sur un sol où sa présence seule était un crime de lèse-majesté et de lèse-nation, par la violation du droit sacré des traités.

Cependant qu'avait fait Louis XVIII pour se voir si indignement trahi ?

Chefs des armées ! il vous avait conservé vos

dignités, vos grades, vos emplois, vos énormes traitemens, lors même que sa politique lui enjoignait de vous en priver pour en revêtir ses plus fidèles amis, qui ne marchèrent qu'après vous ;.... et vous n'avez pas été touchés de tant de clémence et de générosité ! et vous l'avez trahi, vous qui veniez de lui jurer dévouement et fidélité !

Magistrats, administrateurs, il vous avait maintenus dans votre autorité, ce bon Roi, il vous confiait aveuglément les rênes de l'empire, vous n'aviez fait que changer de chef ; et malgré vos sermens les plus sacrés (du moins qui devaient l'être), vous avez conspiré contre ce *Louis*, si grand, si pieux, si juste et si clément, qu'il s'est contenté de pleurer en silence sur la cendre de son auguste famille par vous assassinée ; lorsqu'il pouvait, lorsqu'il devait rechercher les grands coupables, qui, demeurés certains de l'impunité de leur crime, ont effrontément continué d'habiter la France, tout en méditant dans l'atrocité de leurs ames la possibilité de nouveaux assassinats (1).

Soldats, ne jouissiez-vous pas de votre même solde, de vos mêmes récompenses ? l'avenir le plus heureux s'offrait à vous sous un règne pacifique ; mais non, stimulés par les partisans de

---

(1) J'en excepte un seul, que d'héroïques services ont absous de l'erreur d'un moment.

l'anarchie, vous avez préféré l'honneur, le triste honneur de réintégrer un Néron, de ravager votre propre patrie, à la douce satisfaction d'une paix inaltérable... Qu'avez-vous retiré de cette fougue, de ce moment de délire ? La honte et le trépas.

Où sont les débris de ces superbes cohortes, qui se flattaient de conquérir l'univers ? Hélas ! *Fleurus*, qui vit nos premiers exploits, a été le théâtre de leurs derniers efforts, a reçu leurs derniers soupirs ; et le voyageur effrayé, en foulant aux pieds leurs ossemens épars, s'écriera avec ce sage :

Ils n'ont fait que paraître, ils n'étaient déjà plus.

Eh bien ! le petit fils d'Henri IV a encore oublié votre injure : la vraie grandeur d'ame, apanage des *Alexandre*, des *François*, des *Fréderic*, de l'illustre chef d'*Albion*, le ramène encore triomphant, après quatre mois de sollicitudes, sur le trône de ses pères : il y remonte avec ce calme inaltérable d'une ame pure et d'un cœur sans reproche.

Mais, ô Français ! s'écrie la prudence, votre prince doit-il encore s'endormir avec sécurité sur la foi de vos sermens ? Jadis leurs nœuds étaient sacrés pour vous, car jadis le caractère national était la loyauté : mais, depuis que la bassesse et la perfidie vous dictèrent des lois, vous avez appris à vous délier de vos sermens, et le parjure n'est plus qu'un jeu pour vos cœurs corrompus.

Eh bien ! dit-elle encore, cette prudence, comme de la sureté des princes dépend celle des empires, comme du respect pour la Religion et les lois civiles dépend la sécurité et le bonheur des peuples, comme le Roi veut votre bonheur ; malgré vos tyrans, en chirurgien habile, il va couper les membres gangrenés pour conserver le corps sain de l'empire, et le repos même de l'Europe prescrit ces mesures à sa justice. La justice des Rois est leur première bienfaisance.

En effet, les grands coupables doivent seuls être punis ; le peuple ne peut être complice de leurs machinations. Ce qui constitue le peuple Français étant la masse entière des propriétaires, des commerçans, des manufacturiers, des artistes et des honnêtes gens de toutes classes, les suppôts des factieux ne sont plus que la lie de la populace. Une police active, zélée, intelligente et probe, mettra bientôt un frein à ce murmure de la licence, et la réunion de tous les bons Français autour du trône de St. Louis, nous garantit l'harmonie et la félicité que ses descendans seuls méritent de nous procurer.

O mon Roi ! la vérité qui fuit toujours le trône des despotes et des usurpateurs, s'approche avec confiance de celui des pères du peuple et des vrais héritiers d'un sceptre légitime.

Que les traîtres qui vivaient obscurs avant la révolution, que les régicides, que les intrigans, usurpateurs des droits et des biens du malheureux peuple , satisfassent à la justice. Que leurs biens soient fortement imposés , qu'ils grossissent les trésors de l'état ; c'est une restitution dont la nation retirera un double bienfait. — 1.er L'acquit moins onéreux pour le peuple de l'énorme contribution de la guerre. 2.e L'impossibilité où se trouveront ces meneurs de solder des partisans , de soudoyer des fédéralistes , et d'entretenir dans votre royaume des espions et des assassins à gage , les uns propagateurs de bruits et de libelles séditieux, les autres instigateurs de l'esprit napoléonique ; incendiaires d'autant plus dangereux , que les étincelles du désordre et de l'insubordination causent d'inextinguibles incendies. Des mesures justes et énergiques doivent donc les prévenir, non des demi-mesures, comme disaient les démagogues, car ils n'en admettaient que de complètes , et si complètes, qu'encore un an de règne impérial ou fédéral , la France , la malheureuse France, n'était plus qu'un immense tombeau.

Eh ! pourquoi tant de clémence envers ces vils et opiniâtres scélérats ? quelle fut leur vie privée, leur existence politique ?... Qu'ont fait ces brillans orateurs depuis l'assassinat de Louis XVI ? Ils ont constamment décimé la nation. Ces hommes atroces , tous attachés à leur intérêt personnel, n'ont proclamé la liberté que pour mieux river les entraves de leurs crédules adorateurs ; ils ont proscrit le trône pour élever l'autel sanglant de la terreur.

Qu'ont fait ces cannibales érigés en législateurs? Des lois de sang. Lois qui n'autorisaient que les vices, qui ne protégeaient que les passions ; lois qui ne trouvèrent de force que dans la faiblesse des citoyens, et de durée que dans la puissance et la fureur des partis ; lois enfin de circonstances, aussitôt détruites que nées, et aussi injustes et tyranniques que les misérables charlatans qui les avaient créées. Cependant ces lois sans pudeur et sans majesté, en se détruisant les unes par les autres, ont toujours vu subsister les trophées affreux de leurs exploits. La misère, l'infamie, l'esclavage qui en résultèrent, restèrent constamment attachées aux infortunés qui succombèrent sous leur hache homicide, et toujours prête à reparaître avide de sang et de massacre.

Qu'ont fait ces fabricateurs de constitutions ?... Ils ont trompé le peuple en 89, en l'excitant à lever l'étendard de la révolte contre leur légitime souverain. Ils l'ont trompé encore en 91, en lui promettant un gouvernement heureux et pacifique. Ils l'ont encore trompé, avili, assassiné en 93, sous la verge du *sans-culotisme*,.... Ils l'ont encore trompé en 95, en le rendant victime des réactions funestes sous les règnes directorials et consulaires.... Ils ont ajouté à leur astuce et à leur perfidie en 1804, en relevant un trône proscrit, déshonoré par la calomnie, et couvert du sang de ses légitimes maîtres ; et en faveur de qui ? D'un aventurier, doué de quelques talens militaires, mais dévoré de la plus insatiable ambition ; d'un despote, en un mot, indigne de figurer sous l'arc triomphal de Louis-le-Grand, et de régir une nation qu'il a pervertie lui-même.

Après sa défaite, ils l'ont renié de nouveau pour s'humilier hypocritement devant le Roi, dans le seul espoir de conserver encore leur rang et leur fortune à la suite de nouveaux sermens.

Voilà, SIRE, le triste et sanglant résultat de la politique de tous ces agens de la révolution. Voilà le but unique que ces monstres se sont proposé, dans les différentes circonstances qui ont signalé les manœuvres machiavéliques des gouvernemens informes qui osèrent s'approprier la France depuis 92. L'an 1814 a suffisamment dévoilé à l'Europe la bassesse et l'égoïsme de ces horribles conjurés, et les opérations de 1815 n'ont servi qu'à montrer au grand jour les traîtres et les continuateurs de Robespierre et de Napoléon.

Plusieurs départemens se sont malheureusement trop signalés par leur dévouement au tyran des nations, et c'est à l'influence et au mauvais esprit des autorités qu'on doit s'en prendre ; car le peuple est peuple par-tout, et par-tout il a besoin de bons exemples, comme les gens de bien, de garantie et de tranquillité.

Ainsi, SIRE, pour remédier à tous les abus, que

des autorités toutes dévouées à Votre Majesté soient désormais les garans de la conduite des administrés : mais que les membres de ces autorités n'ayent jamais été employés en chef sous les régimes précédens ; que les premiers fonctionnaires soient choisis parmi les plus fermes appuis du trône du grand Henri. Une fois l'autorité aux mains de gens intéressés par leur amour et leur gloire à maintenir ce trône, il devient inébranlable, et vous justifiez la confiance que vous devez à vos amis, à vos enfans, à vos fidèles sujets. Eh ! SIRE, où pourriez-vous trouver plus de preuves de dévouement qu'en cette foule d'infortunés proscrits et privés de tout, frappés comme vous dans ce qu'ils avaient de plus cher, errans au sein des pays étrangers ou dans leur propre patrie, couverts des haillons de la misère et de l'ignominie, et en proie aux plus cruelles vexations ?

Combien, ô fils de St. Louis ! combien en est-il de ces bons Français qui, comme moi, ont préféré l'esclavage à la douleur de servir des parvenus, des apostats, des régicides !... Leur constance ne leur mérite-t-elle pas la faveur et l'honneur de votre confiance ? Oui, SIRE, ce sont ces martyrs de la religion et de la royauté, dont les accens s'élevèrent toujours avec un mâle courage contre les bourreaux impies de leur patrie et de leur prince.... Ce sont ces héros de la Vendée, ces guerriers du Nord, ces compagnons et héritiers de la gloire des victimes de Quibéron, qui sont dignes de veiller pour la sureté des Bourbons. Leur administration, éclairée par l'expérience, sera paternelle et impartiale ; Votre Majesté sera toujours instruite des plus petites erreurs qui tendraient à léser son peuple ou son sceptre, et par le canal de ministres épurés dans leurs principes et dans leur doctrine, elle pourra toujours, remédiant aux abus, faire enfin, selon le vœu de son cœur, des citoyens paisibles et des Français heureux.

> *Justi severus culto*
> \ *Urbes legibus*
> *Amore cives continens ,*
> *Hostes metu ;*
> *Pietate cœlum flectit ;*
> *Aras excitat ,*
> *Deoque templa , tecta*
> *Nudis erigit.*

HABERT, év. de Vabres, à St. Louis.

FIN.

De l'Imprimerie de J. B. KINDELEM, rue de l'Archevêché.